www.ingramcontent.com/pod-product-compliance
Lightning Source LLC
Chambersburg PA
CBHW081917130526
44581CB00019B/96

* 9 7 9 8 9 8 9 5 7 9 0 3 7 *